Du miracle économique à la crise politique en Côte d'Ivoire

Afrique Liberté
Collection dirigée par Claude KOUDOU

Afrique Liberté est une collection qui accueille essais, témoignages et toutes œuvres qui permettent de faire connaître l'Afrique dans toute sa diversité et toute sa profondeur. Cette collection qui reste ouverte se veut pluridisciplinaire. *Son orientation sera essentiellement axée sur les rapports entre l'Afrique et l'Occident.* Elle refuse l'afro-pessimisme et se range résolument dans un afro-optimisme réaliste. Sur quels repères fonder l'Afrique d'aujourd'hui ? Telle est une des questions majeure à laquelle cette collection tentera de répondre. *Afrique Liberté* se veut un espace qui doit explorer l'attitude de l'Africain ou des africanistes dans ses dimensions mentale, scientifique, culturelle, psychologique et sociologique. Dans un monde en proie à de graves crises, un des enjeux majeurs de cette plate-forme serait de voir comment faire converger les différents pôles de compétences pour hisser l'Afrique à la place qui doit être véritablement la sienne.

Déjà parus

Gérard Kone Dogbemin, *La nouvelle loi sur la presse ivoirienne, Avancée ou recul ?*, 2011.
Patrice Ake Jean, *Nietzsche et sa vision de l'homme. Une interpellation de l'Africain*, 2010.
René N'guettia Kouassi, *Comment gouverner autrement la Côte-d'Ivoire ?*, 2010.
Claude Koudou (sous la direction de), *La Côte d'Ivoire face à son destin. Et si l'Afrique était Gbagbo ?*, 2010.
Adack Gilbert Kouassi, *L'art dans la société wè de Côte d'Ivoire*, 2010,
Gaston Ouassénan, *Pauvre petite orpheline*, 2010.
N. L. Gayibor, N. A. Goeh-Akué, *Histoires nationales et/ou identités nationales*, 2010.
René Babi, *Amédée Pierre, le dope national*, 2010.

Modeste Dadié Attébi

Du miracle économique à la crise politique en Côte d'Ivoire

Du même auteur

Le défi africain, l'urgence d'une alternative économique en Côte d'Ivoire, éditions L'Harmattan, 1995.

© L'Harmattan, 2011
5-7, rue de l'Ecole-Polytechnique, 75005 Paris

http://www.librairieharmattan.com
diffusion.harmattan@wanadoo.fr
harmattan1@wanadoo.fr

ISBN : 978-2-296-54160-3
EAN : 9782296541603

INTRODUCTION

La Côte d'Ivoire traverse actuellement une crise politique doublée d'une situation sociale difficile. Ce contexte est incontestablement entretenu par des intérêts étrangers qui y trouvent un avantage économique certain. Il s'agit de certaines firmes multinationales qui occupent des positions de rente de situation dans des secteurs hautement rentables comme l'eau, l'électricité, les activités portuaires etc. Elles n'hésitent pas à financer des officines de communication qui manipulent à volonté les informations. Ces officines ressassent de façon intempestive un âge d'or qui n'a jamais existé. Un monde dans lequel les Ivoiriens, hommes, femmes et enfants, auraient vécu heureux et libres.

Ce mythe d'un *wonderful world* trouve essentiellement une oreille attentive et des relais auprès des nostalgiques de l'époque glorieuse du vaste empire impérialiste français. Ces nostalgiques, véritables espèces d'un autre temps, s'autoproclament sans sourciller à coups de portraits dithyrambiques : *Spécialistes de l'Afrique, Fins connaisseurs du continent*. Ils décernent aux ouailles des titres aussi vaseux que dénués de contenus de *Brillants Technocrates*.

Ils n'hésitent pas à coups de grossiers raccourcis :

- à diaboliser un homme, Laurent Gbagbo[1], dont le projet politique est aussi lisible que dérangeant, en l'affublant des qualificatifs les plus infâmes,
- à en appeler à l'élimination physique du Président de la République de Côte d'Ivoire,
- à désigner ses collaborateurs honteusement à la vindicte internationale en les accusant de tous les maux,
- à exercer un odieux chantage sur d'innocentes familles parce que proches du président Laurent Gbagbo,
- à en appeler à la mise sous tutelle onusienne du peuple de

---

[1] Laurent Gbagbo, Président de la République de Côte d'Ivoire.

Côte d'Ivoire,

- à échafauder des plans de placement sous protectorat français[2] de l'Etat de Côte d'Ivoire,
- à bafouer les institutions du pays.

Cet acharnement insensé sur un homme, parce que simplement son projet politique bouscule des pratiques et des valeurs d'un autre temps, porte une grave atteinte au droit le plus élémentaire du peuple ivoirien. Ce droit dévolu à tout peuple à savoir : *le droit des peuples à disposer d'eux-mêmes* avec pour principe fondamental que *chaque peuple dispose d'un choix libre et souverain pour déterminer la forme de son régime politique.*

On assiste là à une démarche malsaine. Dans ce positionnement obscène, ces nostalgiques usent abusivement de grandes références pour induire l'opinion en erreur et justifier l'injustifiable. Ils masquent ainsi les odieux forfaits de leurs bras armés :

- les viols inqualifiables qu'ils commettent sur femmes et enfants,
- les crimes économiques auxquels ils se livrent par l'exploitation frauduleuse des richesses du pays,
- les assassinats de citoyens sans défense et de fonctionnaires.

Ainsi, ils n'hésitent pas de façon éhontée à prendre en otage le principe de *Liberté* pour sanctifier, pour armer, pour encadrer et pour couvrir davantage des rebelles qui assassinent des concitoyens, violent femmes et enfants de Côte d'Ivoire.

C'est le silence total sur les crimes des rebelles. Ces derniers sont même devenus des *ex-rebelles* alors qu'ils détiennent toujours les armes, occupent toujours une partie du pays.

Voici donc revenu le temps de l'humanisme ombrageux. A propos de cet âge d'or fantasmé, de ce *wonderful world with*

---

[2] La France s'emploie vainement à sous-traiter sa guerre à la Côte d'Ivoire auprès d'une poignée de pays comme Mali, Nigeria, Bénin, Burkina Faso. En s'y prenant de la sorte, elle se dédouane par avance devant l'histoire des conséquences de cette folle aventure et en fait porter le poids aux Africains.

beautiful people, l'économiste Mamadou Koulibaly[3] interroge en ces termes :

Comment était donc cette belle époque que tant de nostalgiques réclament à cor, à cri et à Kalach ?

La présente contribution porte essentiellement sur la période allant de 1977 à 1994. Et elle vise à apporter une part de réponse à cette interrogation pour le moins pertinente de l'économiste ivoirien. En cela elle participe à l'évidence de ce que le docteur Claude Koudou nomme avec justesse dans la préface du livre du professeur Mamadou Koulibaly[4] « *la déconstruction d'un mythe pour inviter les Africains à s'assumer entièrement.* » En tant que travail de déconstruction d'un mythe artificiellement entretenu, elle s'inscrit modestement dans le droit héritage d'une construction intellectuelle dont tout le mérite revient à l'homme de culture et de sagesse Bernard B. Dadié[5].

Pour le lecteur qui s'interrogerait sur les raisons du choix de cette période allant de 1977 à 1994, la réponse est simple. Nous avons fait le choix de celle-ci non pas de façon arbitraire mais tout simplement pour deux raisons. La première raison est que cette période est hautement significative parce qu'elle fait partie intégrante de l'ère fantasmée des nostalgiques. La deuxième raison est que la situation de crise que connaît le pays n'est que la phase acérée d'une longue maladie qui s'enracine dans cette période[6]. L'orientation sectorielle et les fondements structurels de l'économie de la Côte d'Ivoire, quoi qu'il en ait été dit, sont mauvais. On le sait depuis longtemps, plus précisément depuis le bilan politique de 1977 : *L'Esprit du 20 juillet.*

Des économistes intègres n'ont pas manqué d'exercer leur devoir en donnant les informations les plus objectives aux décideurs politiques. Mais on a préféré se complaire dans des illusions économétriques[7]. Ces statistiques ont masqué délibérément les sérieuses difficultés dans lesquelles le pays a basculé

---

[3] Mamadou Koulibaly, *Les servitudes du pacte colonial*, Ed. NEI, 2006.
[4] Mamadou Koulibaly, *Eurafrique* ou *librafique*, Ed. L'Harmattan, 2009.
[5] Bernard B. Dadié est un écrivain ivoirien épris de paix et d'humanisme.
[6] Voir l'intervention de Houphouët-Boigny, *L'Esprit du 20 juillet 1977.*
[7] Illusions entretenues par l'assistante étrangère.

insidieusement. Ce sont ces mêmes illusions que se complaisent à entretenir aujourd'hui une bande d'individus qui ont pris en otage le pauvre Houphouët-Boigny et qui se sont regroupés sous l'appellation honteuse de Rassemblement des houphouétistes pour la démocratie et la paix. En voyant ces individus dont les agissements n'ont rien de démocratiques ni de pacifiques encore moins d'houphouétistes, ce dernier doit se retourner dans sa tombe.

Alors que les problèmes économiques du pays sont d'ordre essentiellement structurel, on a notamment mis en avant des aspects conjoncturels. De ce fait, le citoyen ivoirien s'est trouvé rejeté à la marge du système aussi bien de sa composante *production* que de son volet *consommation*. Les politiques économiques adoptées n'ont pas su créer les bases d'une exploitation fondée sur des liens actifs d'interdépendance entre les différents acteurs dans leurs fonctions économiques.

Il n'y a jamais eu de création d'une véritable chaîne économique en Côte d'Ivoire. Ceux qui travaillent et produisent les biens et services dans ce pays n'ont pas été hissés au rang de consommateurs par le système pourtant fondé sur le libéralisme. Or chacun sait bien que le principe de fonctionnement du libéralisme repose sur une société de consommateurs. Ce qui conduit aujourd'hui à poser le débat sur l'avenir politique et social de ce pays en intégrant d'une part la dimension structurelle des problèmes et d'autre part en tenant compte de la nécessité d'édifier un mode de production et d'organisation économique plus intégré et plus juste.

Cette démarche est d'autant plus nécessaire qu'il faut sortir rapidement l'économie ivoirienne du prêt à penser voire du prêt à appliquer technocratique néfaste car il est temps de se mettre à la hauteur des défis à relever à savoir : bâtir en Côte d'Ivoire une démocratie respectueuse des libertés individuelles et collectives, une démocratie fondée sur le strict respect des institutions nationales et sortir par la même occasion la population ivoirienne du sous-développement.

Et c'est là, le pari de l'alternative démocratique intervenue au début des années 2000 et qui a été malmenée par les assaillants.

Au-delà de la Côte d'Ivoire, il s'agit d'ouvrir des pistes nouvelles à un continent africain trop longtemps tenu en souffrance. Des amis sincères du peuple ivoirien ne ménagent pas leurs efforts sur le plan politique et diplomatique durant cette douloureuse parenthèse qui sera quoi qu'il en coûte refermer sur des bases refondatrices du pays. Il faut permettre à ces amis là et à tous ceux qui sont abusés par les nostalgiques, par une meilleure compréhension du contexte économique et politique d'accroître leurs contributions à l'émancipation de la jeune démocratie ivoirienne et à la nécessaire reconfiguration économique et sociale du pays.

L'opinion élargie qui est faussement abusée doit savoir les raisons objectives qui ont fait que la société ivoirienne a été balafrée par des assaillants nourris, logés et blanchis par quelques multinationales soutenues par une armée étrangère qui a partitionné honteusement la Côte d'Ivoire. Elle doit savoir les raisons profondes qui poussent une certaine puissance miliaire étrangère à occuper la Côte d'Ivoire et qui dans le contexte postélectoral de novembre 2010 poussent lâchement quelques pays de la sous-région à livrer la guerre au peuple ivoirien.

Rappelons avec l'écrivain guinéen Tierno Monénembo [8] que « ... *le rôle de la communauté internationale ne revient pas à prendre des positions partisanes et à se répandre en déclarations intempestives ...* »

Et interrogeons-nous avec lui « ... *eh bien, s'ils sont devenus aussi vertueux qu'ils prétendent, pourquoi ne vont-ils pas fouiller dans les cuisines électorales du Burkina, de la Tunisie ou de l'Egypte ? Sont-ils sûrs que les dynasties présidentielles du Gabon et du Togo sont sorties de la vérité des urnes ? Se seraient-ils comportés ainsi s'il s'était agi de l'Iran, de la Birmanie ou de la Chine ? Que veut sauver la communauté internationale à la fin : la Côte d'Ivoire ou ses protégés ?* »

L'Afrique abusée doit savoir pourquoi le combat que mène aujourd'hui la jeune République ivoirienne avec le président Laurent Gbagbo est un combat qui s'élève au-dessus des

---

[8] Tierno Monénembo, *l'ONU recolonise l'Afrique*, Le Monde du 3 janvier 2011.

conceptions fragmentaires et en dehors des considérations étriquées pour appartenir à l'ensemble de l'Afrique et en particulier à la jeunesse africaine dans son ensemble.

I. L'ECONOMIE IVOIRIENNE DE 1977 A 1993

a. Un contexte économique dégradé

La période allant de 1977 à 1993 a été marquée par une situation économique désastreuse. Les espérances des années soixante ont vite cédé la place à la misère et à de nouvelles servitudes. C'est incontestable malgré les illusions longtemps entretenues par des qualificatifs faussement élogieux uniquement fondés sur des repères et des références exclusivement économétriques : *Le miracle économique ivoirien*.

Les principaux indicateurs économiques du pays se sont dégradés. Sur cette période le produit intérieur brut a continuellement baissé au rythme moyen de moins 3,7% par an. Le déficit courant a tourné de façon continue autour de 60% de la valeur des exportations. Le taux d'investissement du secteur privé a chuté de façon constante et dans des proportions considérables. Et c'est bien dans ce contexte économique dégradé que sous la contrainte et dans la précipitation, les autorités ivoiriennes ont transféré leurs compétences, voire leur pouvoir régalien, au Fonds monétaire international[9] qui s'est chargé de régenter proprement le pays.

b. L'intervention du FMI en Côte d'Ivoire

Le Fonds monétaire international a mis en place des plans qualifiés abusivement de plans de résolution des problèmes. Ces plans n'ont bien évidemment rien donné de bon.

Le premier a couvert les années 1981, 1982 et 1983.

Le deuxième les années 1984, 1985 et 1986.

Le troisième les années 1987, 1988 et 1989 et le quatrième les années 1990, 1991 et 1993.

Ces programmes dits d'ajustement structurel n'ont rien ajusté du tout. Ils se sont, bien au contraire, révélés déstabilisateurs des tissus

---

[9] Le FMI.

sociaux et destructeurs de dynamiques et de perspectives sectorielles.

Ils ont littéralement anesthésié des potentialités locales et pulvérisé des capacités individuelles et des initiatives collectives qui étaient susceptibles de concurrencer les groupes industriels étrangers.

II. DE LA CRISE ECONOMIQUE A LA CRISE POLITIQUE EN COTE D'IVOIRE

a. L'escroquerie intellectuelle

Cette phase saillante de la crise économique et sociale en Côte d'Ivoire qu'est la crise postélectorale de novembre 2010 [10] a permis de mettre en évidence une chose : *la manipulation* dont sont sujets les pays africains de la part d'intérêts étrangers. Cette manipulation est marquée par des tentatives de perversion de la principale organisation sous-régionale, la Communauté économique des États d'Afrique de l'Ouest, qu'on veut amener à faire la guerre à la République de Côte d'Ivoire.

C'est donc à une escroquerie intellectuelle que se livrent certains individus tapis dans des réseaux usant de grandes références et de valeurs indiscutables pour abuser l'opinion. Ils parlent d'humanisme, glosent à satiété sur les droits de l'homme, s'arrogent comme au bon vieux temps des droits d'ingérence si ce n'est de conquête. « *L'Humanité*[11] *! Ah (...) le beau mot, que j'entends pour la première fois appliqué à des Nègres que d'autres ont toujours pris pour des sous-hommes.* »

S'affublant de titres vaseux tels que « *Experts* » et de qualificatifs éculés comme *« Connaisseurs de l'Afrique »*, ils ne cessent de débiter des thèses inspirées d'un confort intellectuel honteux, faites de visées manichéennes. Ces derniers voient dans la crise actuelle le résultat d'une idéologie politique et philosophique subitement apparue avec la fin du règne de Houphouët-Boigny[12].

Cette thèse ressassée en boucles dans les médias à grands moyens de diffusion avec de fallacieux arguments et des clichés grotesques constitue un viol inqualifiable des consciences. C'est une altération intolérable de l'histoire. C'est de l'imposture intellectuelle et

---

[10] Disons plutôt cette guerre car il s'agit bel et bien de guerre.
[11] Bernard B. Dadié, « Massacre en Côte d'Ivoire », *L'Occidental*, juin 2006.
[12] Président Félix Houphouët-Boigny.

morale. Et c'est inacceptable[13]. Et cela nécessite de rétablir les faits.

b. Le nécessaire rétablissement des faits

Il convient de restituer donc les faits dans leur contexte avec objectivité. Il faut restituer les choses avec objectivité pour que des ivoiriens et des africains assaillants venus en grand nombre du Mali et du Burkina Faso parce que savamment manipulés et au demeurant affaiblis par les aléas d'une vie pénible puissent se ressaisir.

Et comme le disait l'autre[14], « *le devoir d'un homme vis à vis de son prochain, quand il voit dans l'erreur ou qu'il commet une faute, c'est de l'aider à s'évader de l'erreur, à réparer cette faute* ». Il faut restituer les choses dans leur historicité avec toute la probité intellectuelle qui s'impose pour que la grande majorité des ivoiriens à qui on a voulu inoculer le virus de la haine et du désamour de leur pays, de leur Patrie puissent se dire qu'ils ont vraiment raison de la défendre au risque de leur vie et celle de leurs proches et puissent avoir la force de continuer à le faire.

La vérité restituée, la vérité connue tout devient possible.

On ne bâtit rien de stable, on ne construit rien de solide dans le mensonge, dans la dissimulation et dans la manipulation. Il devient possible de s'asseoir, de discuter[15] et de décider du sens à donner à une existence en tant que peuple de la Côte d'Ivoire partageant une communauté de destin si les uns et les autres s'obligent à partir des faits matériels. Il n'y a qu'à partir de la vérité qu'on peut construire les bases d'un respect mutuel, préalable à l'élaboration de toute perspective économique fiable et participer activement à l'élan universel.

---

[13] Bernard B. Dadié : Dans quel coin des crimes du genre peuvent-ils être commis et les assassins décorés, portés aux nues par la presse et les radios ? Massacre en Côte d'Ivoire.
[14] Houphouët Boigny en 1977 dans un discours prononcé à l'adresse des étudiants grévistes de l'université d'Abidjan.
[15] *Asseyons et discutons*, S. E. Le Président Laurent Gbagbo, président de la République de Côte d'ivoire.

III. QUAND LES NEOLOGISMES TIENNENT LIEU DE REGULATION

a. L'apogée des néologismes

Des néologismes ont été forgés par les propagandistes patentés d'un monopartisme anachronique du Parti – faussement - démocratique de Côte d'Ivoire dans les années 90. Ces derniers l'ont fait avec beaucoup de dextérité et il faut l'admettre avec une certaine réussite. Ils ont réussi dans ce qu'il convient d'appeler une entreprise d'altération des consciences. Ces néologismes ont permis d'atténuer d'une certaine façon la portée psychosociologique de la crise économique et sociale auprès d'une population fragilisée. Ainsi, par exemple plutôt que de parler de crise économique on a mis en avant le concept de *Conjoncture*. L'Ivoirien en difficulté devient *Ivoirien conjoncturé*.

En lieu et place de licenciement, on a opté tout bonnement pour le concept de *Compression*. Beaucoup de familles engluées dans des situations insupportables, frappées qu'elles sont par les affres de la crise économique, ont eu droit au qualificatif de *familles conjoncturées*. Dans les maquis et autres gargotes, des marques de bière des usines *Bracodi* et *Solibra* ont été débaptisées et estampillées *Conjoncture* ou *Compressée*. L'alcool a coulé à grands flots aidant à oublier les maux d'un quotidien de ventres creux, d'une vie âpre et pénible. L'industrie de l'alcool a vécu ses glorieuses années sous la houlette des programmes d'ajustement structurel.

b. Les effets des programmes d'ajustement structurel

Des études sur les effets des programmes d'ajustement du Fonds monétaire international sur la répartition des revenus en Côte d'Ivoire couvrant la période 1981-1988 ont donné des résultats qui font apparaître les situations suivantes :

- *Pour les personnes gagnant moins de 20.000 francs CFA par mois*

Pour les personnes gagnant moins de 20.000 francs CFA par mois l'augmentation du prix du riz de 10% explique 60% du montant des dépenses occasionnées par l'ensemble des mesures du F.M.I. et a conduit à une perte de pouvoir d'achat de 154 francs CFA par mois dans les villes de l'intérieur et 174 francs CFA par mois à Abidjan sans prendre en compte l'effet de l'inflation sachant qu'à cette période n'est intervenue aucune augmentation des salaires.

- *Pour les personnes gagnant entre 20.000 et 100.000 francs CFA par mois*

Pour les personnes gagnant entre 20.000 et 100.000 francs CFA par mois la perte de pouvoir d'achat entraînée par ces mesures est de 4,4% correspondant à 2.255 francs CFA supplémentaires par mois pour celles habitant Abidjan et 763 francs CFA pour les personnes habitant hors d'Abidjan.

- *Pour les personnes gagnant plus de 100.000 francs CFA par mois*

Pour les personnes gagnant plus de 100.000 francs CFA par mois ces mesures ont entraîné une perte de pouvoir d'achat de l'ordre de 2,7% pour les personnes n'habitant pas à Abidjan et de 5,7% pour les personnes qui habitent à Abidjan, soit une perte absolue qui est respectivement de 5.007 francs CFA et de 15.784 francs CFA

- *Pour les populations établies en milieu rural*

Pour les populations établies en milieu rural, l'impact des mesures de diminution du prix aux producteurs a entraîné une perte de pouvoir d'achat par personne de 1.800 francs CFA par an dans le sud-est et de 3.840 francs CFA dans le nord et une somme intermédiaire dans le sud-ouest. En ce qui concerne les mesures d'augmentation du prix du riz, les régions les plus touchées sont les zones forestières où les familles ont perdu en moyenne 2.508 francs CFA par mois par personne. Dans le centre du pays cette perte est estimée à 1.368 francs CFA et 1.284 francs CFA dans l'est.

D'une manière générale ces mesures, toutes régions confondues, ont entraîné une perte moyenne de 2.130 francs CFA par personne.

IV. AJUSTEMENTS STRUCTURELS ET AFFAIBLISSEMENT DE L'ETAT EN COTE D'IVOIRE

a. L'émasculation de l'Etat ivoirien

Entre 1981 et 1987, le niveau global de l'emploi a baissé de 33% dans les entreprises privées et de 43% dans les entreprises publiques. Les principes constitutionnalistes qui jusque-là garantissaient l'emploi dans la fonction publique se sont trouvés ainsi ouvertement violés par les institutions internationales sans un mot de parlementaires anormalement dociles et de fait incapables de se hisser à la hauteur de leur mission.

Ce fut là un facteur majeur de leur perte de légitimité et de crédibilité et d'affaiblissement de l'Etat ivoirien : le roi (éléphant) est nu. Les Ivoiriens ont ruminé en sourdine leur colère. Ces licenciements en valeur absolue ont représenté des effectifs considérables. Devant le caractère insoutenable de la misère générale, le gouvernement a débloqué trois milliards de francs en 1983 pour indemniser les chômeurs vivant à Abidjan. Un pansement sur une jambe de bois. Ce fonds conjoncturel est dit de solidarité nationale.

b. Quand la famine frappait aux portes

A Abidjan et dans les principales villes de l'intérieur comme Bouaké, Korogho, Daloa et Man, même si la porte de la famine ne s'est pas véritablement ouverte, la malnutrition a bel et bien pénétré le pays. Ainsi, l'on a noté dans ces villes une baisse significative de l'apport nutritionnel par habitant. Cet apport nutritionnel est passé de 2 746 calories en 1980 à 2 162 calories en 1990. Ce qui a placé sur la période la Côte d'Ivoire en dessous de la moyenne observée dans l'ensemble des pays à niveau de sous-développement comparable.

V. DEREGLEMENTS STRUCTURELS ET LOGIQUES DE REGULATION ECONOMIQUE INCONGRUES

a. Crise économique et régulation en Côte d'Ivoire

Ce contexte a été marqué par des dérèglements structurels. Les relations familiales ont volé en éclats sous les coups de butoirs de la crise. Les structures économiques ont été bouleversées. Ces dérèglements ont donné lieu à des logiques de résolution plus incongrues les unes que les autres et plus absurdes les unes que les autres.

- *L'éducation*

Ainsi, au niveau éducatif lorsque la crise a commencé à se manifester en lieu et place d'actions constructives, de régulation réparatrice, les institutions internationales ont sommé les autorités de mettre rapidement en place des mesures de sélection plus drastiques au niveau du cursus scolaire. Des goulots d'étranglement drapés de faux tissus de recherche de qualité ont ainsi été essaimés à tous les niveaux du parcours scolaire. Un examen probatoire du baccalauréat a ainsi été instauré en classes de première. Des mesures drastiques de réduction du nombre de bourses d'études et des montants alloués ont été instaurées. En termes de résultat, l'on a assisté à une déscolarisation massive et à une baisse du taux de scolarisation qui est passé de 76% en 1980 à 57% en 1989.

- *La santé*

Des dispensaires de proximité ont été fermés sous le couvert de transfert de compétences à des collectivités locales qui n'ont jamais existé. Des infirmiers, des sages-femmes et même des médecins ont été prématurément mis à la retraite.

- *Le logement*

En matière de logement, les mesures prises ont été pour le moins paradoxales. Alors que dans les années soixante-dix, la crise du logement était moins affirmée, l'Etat s'était employé à construire des logements sociaux. Mais au moment où, sous l'effet conjugué de plusieurs facteurs, la crise du logement est devenue plus forte celui-ci supprima les subventions, arrêta les programmes de construction de nouveaux logements et liquida purement et simplement les sociétés chargées de l'entretien et de la gestion des logements existants.

- ### *Les grandes pandémies*

Les grandes pandémies ont profité de la désertion de l'Etat pour faire des ravages. Les campagnes de sensibilisation sanitaire et de prévention ayant été arrêtées brutalement. Le sida entre autres maladies a profité de cette désertion des pouvoirs publics pour pénétrer la société ivoirienne restée sans défense et s'établir en force. Il a ainsi décimé des générations entières d'Ivoiriens. Des pans entiers de la jeunesse se sont ainsi vus condamnés à mort par leur propre Etat. Entre 1987 et 1998, l'espérance de vie de l'Ivoirien a chuté de six ans.

Il est clair que la politique de régulation appliquée en Côte d'Ivoire s'est avérée inefficace parce qu'elle est éloignée des politiques qui ont été appliquées historiquement dans des situations de crise et qui s'inscrivent pleinement dans l'approche libérale.

b. Une posture dogmatique

L'Etat ivoirien aurait donc pu jouer un rôle actif au lieu d'adopter une posture plus dogmatique que pratique afin de susciter de nouveaux dynamismes. Il s'agit donc les dans lignes qui suivent de battre en brèche la théorie d'inspiration monétariste et véhiculée par la technocratie selon laquelle l'Etat ivoirien se doit de ne pas intervenir dans l'activité économique au risque d'éliminer toute chance d'un décollage réel. L'Etat a toujours été et demeure même aujourd'hui encore fortement inséré dans la dynamique générale du système capitaliste que ce soit dans son volet production ou celui d'échange de biens et services. On l'a encore vu récemment aux Etats-Unis, en 2008, avec la crise des *Subprimes,* ces crédits hypothécaires contractés par des particuliers désireux de devenir propriétaires de leur logement, où l'Etat fédéral a dû massivement intervenir pour permettre aux banques de faire face à la crise suscitée par leur fonctionnement. En Europe, la crise financière de 2008 a donné lieu à des mesures par les Etats. Ainsi, en le

30 septembre 2008, les gouvernements français et belge ont annoncé la presque nationalisation de la banque Dexia. Le 13 octobre 2008, les pays de l'Union Européenne ont annoncé des plans de sauvetage des banques à hauteur de 1 700 milliards d'euros.

L'histoire des faits économiques nous enseigne que la logique dominante du système économique capitaliste a toujours été de faire de l'Etat un outil de régulation de ses crises diverses qu'elles soient de production ou de consommation. Ce processus a recouvert des formes variées selon les époques et la nature des contradictions. Elles vont globalement de la fourniture de guerre, à la création de manufactures d'Etat en passant par des législations assurant la protection aux industries dites nationales ainsi que la conquête d'espaces géographiques nouveaux. Le rôle interventionniste de l'Etat va surtout connaître ses heures de gloire pendant la crise des années 1930 et à partir de la seconde guerre mondiale. Ce qui permettra au système de surmonter ses contradictions sans altérer le principe fondamental au cœur de sa logique, le respect des automatismes de l'harmonie universelle.

S'agissant par exemple du chômage, alors que pendant très longtemps, il était essentiellement perçu sous l'angle des lois naturelles : accroissement naturel excessif de la population et développement naturel du progrès technique, un économiste libéral en la personne de J. M. Keynes soutenait que le chômage vient des erreurs des capitalistes qui ne dépensent pas suffisamment pour que l'emploi soit suffisant et pour y faire face, l'intervention de l'Etat était nécessaire. La part des dépenses de l'Etat dans l'ensemble des pays capitalistes développés a toujours été en progression constante. Elles représentent aujourd'hui entre 40% et 45% des dépenses globales.

- ***Aux Etats-Unis d'Amérique***

Aux Etats-Unis d'Amérique, par exemple, les dépenses publiques qui en 1903 ne représentaient que 7,4% du produit national brut sont passées à 9,8% en 1929, à 20% en 1939 puis à 30% dans les années 1970 et 1980 et 48% aujourd'hui. Cet accroissement qui est du surtout à l'augmentation des dépenses militaires a joué un rôle déterminant dans la mesure où elles ont contribué à stimuler la demande par les commandes adressées aux secteurs électroniques aéronautiques etc. C'est notamment grâce à ces dépenses militaires et civiles de l'Etat que dans les années 30, les Etats-Unis ont pu atténuer la crise de l'emploi qui avait atteint un seuil critique de 12 millions de chômeurs en 1932. L'implication de l'Etat dans l'économie américaine est encore plus patente lorsqu'on remonte au boom des chemins de fer entre 1870 et 1890. Elle contribuera de façon déterminante à abaisser les coûts des transports intérieurs et facilitera le ramassage et l'exportation de céréales et de viandes vers l'Europe.

En dehors des dépenses publiques à proprement parler, l'Etat dans les pays capitalistes développés est intervenu par le biais des programmes de nationalisations en prenant à sa charge des secteurs de base souvent non rentables. Ce sont ces secteurs publics qui dans des pays comme la France, ont conduit au développement de secteurs comme l'énergie qui soutiennent activement aujourd'hui l'ensemble de l'économie malgré sa très faible dotation naturelle en ressources énergétiques.

- ***En France***

En France, l'industrialisation a été historiquement soutenue par un protectionnisme fort à la fin du dix-neuvième siècle avec la loi Méline de 1892 qui instituait une protection douanière. Lorsque, après la guerre, les Français ont senti que ces mesures n'étaient plus appropriées d'autres mesures ont été prises pour orienter l'économie française vers les marchés. Cette nouvelle impulsion a été donnée par le plan Pinay Rueff qui portait essentiellement sur la limitation du crédit pour pousser les petites entreprises à la concentration. Cette tendance a été renforcée par les cinquième et sixième plans qui préconisaient la concentration. En 1966, un comité chargé d'examiner les conditions d'une plus grande participation de l'Etat a été mis en place. Les résultats des travaux qui ont suivi ont permis à l'Etat d'apporter aux secteurs jugés prioritaires son aide à travers des facilités financières au niveau des contrats de recherches et des passations de commandes publiques. Dans la même année, a été lancée la convention Etat-Sidérurgie portant sur une enveloppe financière de 4,5 milliards - dont 2,7 à la charge de l'Etat ; ce qui se traduira par la fusion USINOR-

LORAINE-ESCAUT et les accords SIDELOR-WENDEL. Une année après, c'est grâce à l'aide de l'Etat qu'est née la compagnie internationale de l'informatique à la suite d'une fusion entre une filiale du groupe Schneider - la S.E.A.- et une filiale commune de CGE et de CFS. L'intervention de l'Etat s'est manifestée aussi par les accords entre Renault et Peugeot dans l'automobile et par la réorganisation des entreprises nationalisées de construction aéronautique.

- *Au Royaume-Uni*

Au Royaume-Uni, l'Etat anglais a joué un rôle important avec les lois sur la navigation, lois qui ont contribué à développer la marine marchande britannique au détriment de la flotte hollandaise. C'est ainsi que la Grande-Bretagne a acquis une suprématie navale qui fera d'elle la première puissance économique du monde jusqu'à la Première Guerre mondiale.

- *En Allemagne*

En Allemagne, dès 1841, Frédéric List a élaboré les premières théories du protectionnisme nécessaires à la protection des industries naissantes d'une nation attardée dans le but de favoriser l'éducation industrielle. L'application de ses principes permettra à l'Allemagne de résister face à la puissance économique, britannique. Fort de cette assise économique Bismarck fait voter les premières grandes lois sur l'assurance maladie.

- *Au Japon*

Au Japon, l'intervention de l'Etat s'exprime sous la forme d'un régime d'aide directe de l'Etat pour le démarrage des secteurs jugés prioritaires. Il en est ainsi par exemple de la biotechnologie, de l'exploitation des océans, de la construction de gros ordinateurs et des télécommunications. L'Etat japonais a aussi mis en place un régime particulier de prêts aux entreprises qui satisfont à des priorités définies par le Conseil de la structure industrielle qui est composé de divers représentants d'entreprises, d'établissements financiers, d'ouvriers, de consommateurs, de professeurs d'universités, de savants, d'économistes pour leur fournir les fonds nécessaires. Ce conseil est rattaché au Ministry of International Trade and Industry. On peut voir ainsi que le Japon doit son efficacité économique actuelle non pas au simple choix du libéralisme comme mode d'organisation économique mais plutôt et surtout à la capacité de l'Etat japonais à assimiler la logique fondamentale du libéralisme et à ne pas se laisser impressionner en assurant aux pouvoirs publics un rôle non négligeable.

Ainsi comme on le voit l'intervention de l'Etat vise à renforcer les stratégies de groupe visant à consolider la force économique du pays. Mais son rôle ne se limite pas qu'à l'économie. Il a aussi joué un rôle décisif dans la consommation personnelle en matière d'assistance, de retraite, de santé, de l'enseignement et de logement. A ce sujet, on peut noter que les périodes les plus difficiles du capitalisme ont toujours donné lieu à la mise en place de fonds collectifs qui sont dans bien de cas et dès le départ, l'œuvre d'institutions non étatiques telles que l'Eglise.

Lorsque les fonds déployés par ces institutions, s'avèrent insuffisants à répondre aux impératifs, les pouvoirs publics interviennent pour soit prendre la relève, soit accompagner. L'Etat capitaliste n'est donc pas en dehors de l'entretien de la force de travail. En France, par exemple l'Etat a toujours été aux premiers rangs de la lutte contre la misère à travers des lois et des actions directes - par exemple la loi de juin 1850 qui institua la caisse nationale de retraite.

On voit ainsi qu'au-delà de la thèse de l'absolue régulation par le marché, défendue par les pseudos-libéraux africains toujours prêts à défendre des principes dénués de toute réalisme, l'Etat capitaliste n'a jamais cessé de renforcer sa position au sein des économies dominantes tant et si bien qu'on est tenté de parler de l'existence d'une loi de l'extension croissante de l'activité publique dans les économies capitalistes développées.

VI. QUAND LES BONS COMPTES FONT DE MAUVAIS AMIS

a. Le triomphe du verbalisme creux et l'action subversive

L'on a ainsi fait à bon compte l'économie des questions fondamentales, sacrifiant de fait l'avenir du pays avec une démagogie de facilité. Le virus de la folie meurtrière à côté de celui du VIH-SIDA a ainsi insidieusement été inoculé à des Ivoiriens déçus du système endossé à un État incapable de les protéger. Cette partie des Ivoiriens qui, à force de déceptions, de désespérance, de souffrances et de galères ne croient plus aux valeurs qui fondent une nation. Ils ne croient plus aux valeurs qui rendent un peuple solidaire et uni. Ils se sont de fait retrouvés mûrs pour s'abonner aux discours les plus démagogiques. Ces discours d'individus dans lesquels la déclinaison du curriculum vitæ tient lieu de projet de société. Ces discours dans lesquels les portraits dithyrambiques tiennent lieu de projet de gouvernement.

La fièvre de la justice de la kalachnikov s'est emparée de fait de quelques individus faussement abusés et honteusement armés par des entreprises multinationales soucieuses de préserver des positions acquises et de rappeler qu'elles sont bel et bien les maîtres de cette *Terra Nullus* qu'est la Côte d'Ivoire, au moment où sont esquissées les premières configurations de l'alternative refondatrice : l'Assurance Maladie Universelle[16], destinée à aider les Ivoiriens à panser leurs blessures physiques et morales est flinguée, la décentralisation[17] appelée à corriger les disparités régionales et impliquer davantage le citoyen ivoirien dans la gestion de la chose publique est butée sauvagement à coups de lance-roquettes, le projet de gratuité de l'école destiné à insuffler de

---

[16] Destinée à corriger les manquements au devoir de protection et de justice sociale de l'État en apportant une sécurité organisée et de solidarité mutualisée à ceux qui subissent les aléas de la vie.

[17] La politique de décentralisation initiée par le ministre Emile Boga visait à rapprocher les centres de décision des niveaux où les besoins s'expriment. Elle contenait des axes importants comme l'accentuation du régime d'aides à la création d'emplois et le développement de pôles industriels, des projets d'électrification et d'adduction d'eau par une incitation au regroupement des zones rurales.

nouvelles espérances aux familles est torpillé.

b. La parade des experts autoproclamés

On fait sans sourciller crépiter les balles à la kalachnikov sur la tête de ceux qui, par le travail, ont œuvré pour apporter le pluralisme politique à la Côte d'Ivoire.

Ces entreprises transnationales d'intérêts privés ont financé à grands frais et surtout avec l'argent des Ivoiriens des associations affichant de fausses façades de défense des droits de l'homme en usant de grands principes pour masquer leurs véritables desseins. Ils ont aussi réussi à coups de corruption à transformer les médias à grande diffusion en forces armées rebelles supplétives.

On y voit parader des sociologues, des juristes et autres experts en tout, autoproclamés, usant et abusant de grands principes pour conduire leur entreprise de manipulation et de sabotage des projets de reconfiguration de la Côte d'Ivoire. Ils réclament à coups de raccourcis inimaginables sous d'autres cieux la mise sous embargo du peuple de Côte d'Ivoire.

VII. L'HUMANISME OMBRAGEUX OU LA QUÊTE DU PARADIS PERDU

a. Houphouët-Boigny ou l'exutoire trouvé

Le manipulateurs ont élaboré des discours convenus qu'ils font réciter à gorge déployée à des assaillants sans foi ni loi sur toutes les ondes hertziennes. C'est le triomphe de la faconde à deux balles, du verbalisme creux.

On se donne faussement de la contenance en adoptant des postures caricaturales et une gestuelle mécanisée. On découvre sur les chaînes des télévisions des individus aux mines patibulaires, comme tout droit sortis des derniers films d'horreur d'Hollywood, en proie à la surenchère verbale.

Les rebelles, dopés par l'énorme manne financière mise à leur disposition, convoient de jour comme de nuit dans des voitures et camions, sous le couvert d'actions humanitaires, des armes et des milliers d'enfants-soldats récoltés çà et là dans les bidonvilles d'Abidjan, dans les faubourgs de Daloa et dans les bas-fonds de Man, dans le centre et le nord du pays, au nez et à la barbe de la communauté internationale. On réclame à grands cris un âge d'or qui n'a jamais existé. On massacre de pauvres fonctionnaires : instituteurs, infirmiers, médecins, percepteurs de recettes, agents de l'état civil, fonctionnaires de police et des familles sans défense au nom de la quête du paradis perdu. Des enfants et des mères de familles sont violés au nom d'un monde fantasmé. L'houphouétisme devient l'exutoire trouvé[18].

b. Ces espérances qu'on assassine

On assassine sans remords les espérances induites par l'alternative démocratique de 2001[19]. Des acteurs de premier plan

---

[18] Le vieux doit se retourner dans sa tombe.
[19] Quels gâchis ! Des années de travail et de complicité nouée avec le peuple sont réduites à néant à coups de kalachnikovs. Quelle honte ! Les propositions pour gouverner la Côte d'Ivoire sont anéanties.

des changements longtemps attendus sont lâchement assassinés avec une violence inouïe. A six mille kilomètres des frontières ivoiriennes, du haut de leur luxurieux confort et avec insolence et sans compassion, des mercenaires de la plume s'agitent avec délectation en faisant des reportages en fauteuil. Ils exécutent froidement de juteux contrats sur du papier glacé. Ils prennent sans sourciller leur pied en humant l'odeur de l'encre qu'ils étalent et qui a la couleur du sang de pauvres enfants de Côte d'Ivoire. Ils monnayent sans vergogne talents contre espèces sonnantes et trébuchantes en lançant des fatwas contre l'homme à abattre et ses proches collaborateurs. *Il en est ainsi de Simone Gbagbo dont l'avis est déterminant sur tous les sujets (...) et de Moïse Lida qui est le principal « Securitate » d'un régime*[20] tous deux coupables de tous les péchés d'Israël. Les Ivoiriens crient leur désespoir en organisant des marches. C'est peine perdue. Leur voix se perd dans le désert.

---

[20] Écrit un certain hebdomadaire basé à Paris.

VIII. LES ORIGINES DE LA CRISE ECONOMIQUE IVOIRIENNE

a. Economie et volontarisme politique

Durant la période allant de 1960 à 1977, les orientations économiques ou plutôt les stratégies économiques de la Côte d'Ivoire ont été la substitution aux importations et de la valorisation des exportations. Ces deux stratégies ont été conduites avec une certaine réussite sur le plan macroéconomique, disons plutôt économétrique. Elles ont été marquées du sceau d'un volontarisme politique qui interroge. Elles ont généré un taux de croissance significatif d'environ 7% en moyenne par an grâce à l'exploitation d'un potentiel agricole et forestier qui fut naguère des plus significatifs en Afrique noire.

Entre 1972 et 1979, l'agriculture ivoirienne a connu un rythme de croissance de l'ordre de 10% par an. Des projets de grande envergure, sur un fond doctrinal faussement keynésien tels que les SODESUCRE ont surgi, alimentant à coups de déficits colossaux le clientélisme politique d'une oligarchie. Ainsi, on avance que les SODESUCRE ont englouti cent milliards de francs CFA. Ce montant est estimé à 10% du produit intérieur brut de l'année 1974. Ce qui n'est pas rien du tout.

b. Les chiens aboient, la caravane passe

Pour détourner l'attention des couches populaires de cette logique de gaspillage, on a flatté leur orgueil en faisant surgir de terre des pôles administratifs flamboyants qui sont énergétivores et qui ont un fonctionnement budgétivore. On a fait fi dans leurs conceptions architecturales de toutes considérations sociologiques et climatiques. *Les chiens aboient la caravane passe. La caravane du bonheur de l'homme ivoirien passera* [21] disait-on. Ce bonheur réside justement dans cette urbanisation inadaptée qui doit faire la fierté du peuple. Peu importe, pourvu que les représentants des

---

[21] In *La pensée du jour*, F. H. Boigny.

firmes multinationales repartent avec dans leurs valises de juteux contrats de vente de climatiseurs, d'ascenseurs, de ventilateurs et autres pièces détachées. Yamoussoukro est érigé en nouvelle capitale. On argumente en montrant Brasilia et d'autres villes érigées en capitales. Point d'arguments économiques. Les villas poussent comme des champignons même s'il manque du monde pour les occuper et les entretenir. Ce n'est pas grave. Il faut parier sur l'avenir. Et l'avenir de l'homme ivoirien est à Yamoussoukro. Il réside bien dans ces constructions.

IX. SOUS LES TROPIQUES, LES ELEPHANTS BLANCS REGNENT EN MAITRES

a. Le règne des éléphants blancs

Les éléphants blancs règnent en maîtres à la Direction générale des grands travaux. Cette autre maison[22] close où se déroulent toutes les orgies économiques. Ce haut lieu de tous les maquereaux de l'affairisme tropical Ouest-africain[23]. C'est à une véritable logique de surinvestissement que l'on assiste au point d'en arriver à de véritables gouffres financiers dans le domaine de l'infrastructure. Les routes sont damées à la va-vite. Cela importe peu qu'elles ne puissent résister à la prochaine saison des pluies. On repassera après l'érosion pour gagner à nouveau de l'argent. Les programmes de pseudo-investissements publics s'accélèrent à coups de corruption. Leur taux d'accroissement moyen est de 36 % entre 1973 et 1977.

Les principales agglomérations locales abritent à grands frais des célébrations à la gloire des dignitaires. Ces fêtes pompeuses sont drapées de manteaux fumeux estampillés « fête de l'indépendance »[24]. Les recettes du café, du cacao, etc. sont convoyées vers la Caisse de Stabilisation et de soutien du prix des produits agricoles par le truchement du contrôle commercial des produits tels que le café, le cacao, le coton, le riz, le palmier, le coprah, le tabac, le sucre et l'anacarde. Cette caisse alimente le budget de l'État et les poches de certaines personnalités sans passer par les procédures budgétaires normales. La C.S.S.P.P.A., chaque année, a engrangé des ressources lors des différentes opérations qu'elle a entreprises en effectuant des prélèvements. Au regard des comptes nationaux, ces prélèvements nets entrent en ressources du compte de revenu des administrations publiques. Entre 1971 et 1981, le montant des prélèvements accumulés par l'État s'est élevé à 757 milliards de francs CFA et à plus de 800 milliards de francs

---

[22] Avec la Caisse de stabilisation et de soutien du prix des produits agricoles et la Caisse autonome d'amortissement.
[23] Le monde cessera-t-il de vivre sous la coupe des forbans et de leurs mercenaires, de ceux qui méprisent l'homme et adorent l'argent ? Bernard B. Dadié.
[24] Indépendance. *Indépendance toi-même* !

CFA entre 1972 et 1987. Ces sommes ont servi à financer des investissements publics et à rembourser surtout une partie de la dette extérieure.

b. Une logique de prédation

Jusqu'en 1984, ce sont les décaissements de la C.S.S.P.P.A. qui ont essentiellement permis d'engager des emprunts importants auprès des établissements bancaires et financiers. Ces engagements ont pris une telle proportion que la Caisse Autonome d'Amortissement s'est trouvée dans l'incapacité de rembourser la dette contractée en comptant uniquement sur les ressources fiscales affectées. Le concours de la Caisse est sollicité et ainsi, c'est elle qui va subventionner la C.A.A. pour 966 millions de francs CFA en 1979 et 8 984 millions en 1980. A partir de 1984, cette situation qui se voulait transitoire a été officialisée et le service de la dette a été désormais partagé à parts égales par les deux organismes. La caisse de stabilisation s'occupant essentiellement de la partie remboursement et la Caisse autonome d'amortissement de celle de rééchelonnement.

A cet effet, les transferts courant opérés par la C.S.S.P.P.A. en direction de C.A.A. - ont été de 165 milliards de francs CFA en 1984, de 232 milliards en 1986 et de 136 milliards en 1987. Soit un transfert au titre de remboursement de la dette extérieure de 800 milliards de francs CFA en quatre années. Cette situation n'est pas restée sans conséquences sur la situation financière de la C.S.S.P.P.A. En 1989, l'endettement de cette dernière a été estimé à 300 milliards de francs CFA - Pour survivre la C.S.S.P.P.A. a été obligée de brader ses stocks de cacao à ses partenaires commerciaux comme la société Sucres & Denrées. En 1989, elle lui vend 400 000 tonnes pour un prix qui a été estimé être largement inférieur à la valeur réelle du produit. En 1978, l'investissement public représentait 25% du produit intérieur brut.

c. Des paysans exploités

Les baisses des prix du café et du cacao de l'ordre de 25% entre 1980 et 1981 se sont accompagnées d'une chute de l'investissement public de 11,5%. La corrélation entre les deux phénomènes traduit bien le rôle d'allocataire des ressources joué par la C.S.S.P.P.A. Si l'on observe bien le fonctionnement de la politique de la caisse de stabilisation on peut dégager deux choses.

La première chose est qu'elle a constitué l'appareil d'exploitation des paysans ivoiriens. Cette situation s'est illustrée par les chiffres, notamment les subventions directes à l'agriculture qui ont été d'environ 0,7 milliard de F CFA seulement entre 1976 et 1979 soit 0,12% des surplus réalisés par la caisse sur la période. Des miettes pour ainsi dire.

La deuxième chose est que même si elle a offert aux paysans la garantie de vendre leurs produits dans un temps raisonnable elle est restée incontestablement l'instrument privilégié d'enrichissement des intermédiaires commerciaux à capitaux extérieurs et de quelques dignitaires du régime. C'est ainsi qu'en 1976 trois ministères clés, celui de l'économie, celui du plan et celui de l'agriculture sont mis en accusation pour détournement de fonds publics.

Leurs occupants seront simplement appelés à d'autres fonctions en 1977 dans le cadre de l'opération dite Esprit du 20 juillet. La première pierre de la crise de confiance entre la population en général et la jeunesse en particulier avec sa classe dirigeante est ainsi officiellement posée.

X. ENDETTEMENT EXTERIEUR ET TERMES DE L'ECHANGE

a. L'endettement extérieur

Pour poursuivre certains programmes, l'Etat ivoirien fait appel à l'endettement extérieur. Il se porte garant de l'endettement des investisseurs étrangers, y compris les multinationales à grandes capacités de financement. Elles accourent, ouvrent des bureaux, installent deux représentants sur place, embauchent deux à trois vigiles puis empruntent sur le marché financier local à des conditions avantageuses, et par des tours de passe-passe vont investir ailleurs la manne récoltée grâce aux facilités offertes par l'Etat de Côte d'Ivoire.

Très vite la dette publique extérieure grimpe de 26% à 43% du produit intérieur brut en trois petites années, de 1975 à 1977. En 1977, le service de la dette est estimé à 20% du produit intérieur brut. Au niveau des échanges, le solde commercial devient très vite négatif. L'explication le plus souvent donnée est que les termes de l'échange[25] se dégradent. Pourquoi ?

b. Les termes de l'échange

On ne se pose pas la question car bien entendu là n'est pas le problème. On se contente de constater les faits, à savoir : la dégradation des termes de l'échange. Or, on aurait pu s'interroger et se rendre compte que c'est tout simplement parce que la logique empruntée n'a pas intégré la transformation des produits primaires.

---

[25] L'indice des termes de l'échange est le rapport entre le prix des exportations et celui des importations. On parle d'amélioration des termes de l'échange lorsque l'économie exporte une quantité moindre de marchandises pour se procurer la même quantité de biens importés. Dans le cas inverse, on parle de dégradation des termes de l'échange. Concrètement ce rapport montre l'évolution du pouvoir d'achat des exportations en importations, à volume d'échanges donné. C'est le miroir de ce qu'il convient d'appeler la compétitivité-prix d'un pays. Ce qui se joue en termes d'enjeu, surtout pour les pays dits en voie de développement, est la maîtrise des prix des matières premières.

Les produits ivoiriens n'ont donc tout simplement pas suffisamment de valeur ajoutée. On s'est contenté d'accompagner, à travers l'élaboration de conditions plus que permissives, l'exploitation des matières premières, à augmenter les prêts contractés par des multinationales qui n'ont rien à voir avec le développement du pays sans se soucier du reste. A l'effet de la détérioration des termes de l'échange, il faut ajouter l'effet d'importants transferts de capitaux privés vers l'extérieur. Ce qui a fortement pénalisé le taux d'épargne privé. Ces transferts ont été constitués de profits accumulés par les entreprises étrangères, de fonds issus des revenus distribués aux communautés étrangères.

XI. LE CONDITIONNEMENT DE L'ACTIVITE ECONOMIQUE EN COTE D'IVOIRE

a. L'extraversion économique de la Côte d'Ivoire

C'est sur la base du principe libéral d'inspiration ohlinienne[26] que s'est opérée la politique économique, ou disons plutôt le conditionnement économique de la Côte d'Ivoire avec pour résultat la mise sous tutelle de l'économie nationale. En 1975, les investissements étrangers étaient de 60%. Cette logique s'est traduite par une extraversion sans limite par appels massifs aux capitaux extérieurs, un confinement de l'Etat dans des missions de pourvoyeur de logistique administrative avec la création d'organismes comme la l'Office de promotion de l'entreprise ivoirienne, la Société nationale de financement, le Centre d'assistance et de promotion de l'entreprise nationale. Ce confinement de l'Etat ivoirien est accompagné d'un arsenal réglementaire des plus permissifs au monde.

Cet arsenal consiste en :

- l'absence légale de constituer une société de droit local,
- le maintien des textes en vigueur en Afrique occidentale française,
- l'inexistence d'autorisation d'ordre général pour exercer une activité commerciale contrairement à la pratique suivie dans beaucoup de pays où le développement économique s'est enclenché comme le Brésil, la Chine,
- l'importation des équipements qui donne lieu au paiement de droits de douane plafonné à 25%,
- un droit fiscal d'entrée inférieur à 30% de la taxe à la valeur ajoutée,
- une taxe de port insignifiante de 0,3%.

De plus si les importations de l'entreprise concernent du matériel agricole, des pièces détachées agricoles, certains aliments

---

[26] Ou théorie des dotations factorielles

et matériels destinés à la production animale, certains matériels destinés au ministère de la Défense et du Service civique et du matériel de travaux publics, elle est systématiquement exonérée des droits de douane et du droit fiscal d'entrée. Elle peut bénéficier de quelques aménagements de taxe à la valeur ajoutée. En ce qui concerne les impôts sur les bénéfices, les dispositions du code général des impôts prévoient en cas d'investissement ou de réinvestissement, des exonérations. Sinon les articles 4 et 6 du code général des impôts prévoient que les bénéfices provenant exclusivement de l'exploitation d'une usine nouvellement installée soient exonérés de l'impôt dû au taux de 40% jusqu'à la fin de la cinquième année suivant le début des activités.

L'article 84 du même code prévoit que les redevables de l'impôt sur les bénéfices peuvent déduire de leur résultat imposable d'un exercice un montant égal à 50% des investissements réalisés au cours de l'exercice.

Les matériels et outillages neufs utilisables pendant cinq ans au moins et exclusivement affectés à des opérations industrielles de fabrication, de manutention, de transport et d'exploitation agricole peuvent donner lieu au doublement de la première annuité d'amortissement.

Les certificats délivrés par le fonds national d'investissement en contrepartie d'un prélèvement de 10% sur les bénéfices imposables peuvent donner lieu à remboursements en cas de financement d'entreprise appartenant aux propriétaires des titres, de constructions immobilières, de souscription d'obligations représentatives d'emprunts d'Etat.

Par rapport à l'imposition des rémunérations versées à des personnes non établies en Côte d'Ivoire il existe une retenue à la source qui n'est que de 25%, applicable à seulement 80% du montant des rémunérations des personnes physiques et morales non domiciliées en Côte d'Ivoire, etc.

b. Mais... qui est fou ?

Les investisseurs étrangers ont profité de cette latitude pour exploiter les maillons les plus rentables. Ainsi d'après la Centrale des bilans, le contrôle des secteurs par le capital étranger s'exerçait de la façon suivante en 1987:

- le bois à 98%,
- le bâtiment et les travaux publics à 80%,
- le commerce de gros et de détail à 82%,
- le transport à 37%,
- les autres services à 45%.

Ces maillons juteux exploités de façon quasi monopolistique sont de véritables niches de rentes de situation. Ainsi, le bois est exploité à gogo et convoyé vers l'Europe à des conditions *peanuts*.

XII. MASSACRE ECOLOGIQUE ET PILLAGE FORESTIER

a. Silence, on développe

Un massacre écologique est organisé en toute quiétude dans les régions du sud, de l'ouest et sud-ouest. Toute velléité de contestation est matée dans un silence complice. Le volume des coupes a atteint selon les estimations officielles son niveau le plus élevé en 1977 avec cinq millions trois cents vingt et un mètres cubes de bois. Les forêts disparaissent sans qu'une seule voie parlementaire s'élève pour protester. Ainsi la forêt ivoirienne passe de douze millions d'hectares à moins deux millions d'hectares de 1968 à 1990.

Le bois - bien qu'on n'en fasse peu cas dans de nombreuses études consacrées à l'économie ivoirienne - constitue 63% pour cent des exportations du pays entre 1965 et 1974. Les patentes estampillées sans état d'âme *exploitant forestier* sont délivrées sans vergogne aux investisseurs étrangers.

b. Les Ivoiriens derrière

Les Ivoiriens sont systématiquement écartés, relégués dans des missions de sous-traitance de troisième et quatrième niveaux quand ils ne sont simplement coupeurs de bois. Le cacao et le café sont achetés aux paysans à vils prix. Ils sont parfois tout simplement volés. En 1985, 480 millions de francs CFA de produits sont enlevés sans être payés aux paysans à Tiassalé. A Divo et à Lakota, c'est 155 millions de francs CFA qui sont volés aux paysans. En 1978, environ 71% des capitaux des huit principales sociétés agricoles du pays étaient détenues par des étrangers. Du jamais vu ailleurs. Mais ici, nous en Côte d'Ivoire, pays de l'hospitalité[27], le royaume capitalisme sauvage.

---

[27] Les ivoiriens qui ont le sens de l'humour et de la formule parleront durant la crise de pays des hospitalisés.

XIII. LA POLITIQUE D'IVOIRISATION DES CADRES ET CRISE DE CONFIANCE

a. La politique de l'emploi en Côte d'Ivoire

En 1985, seulement 12% des emplois d'agents de maîtrise étaient occupés par des personnes de nationalité ivoirienne. Le taux pour les emplois de cadre était de 3% la même année. Cette situation de l'emploi n'est pas sans conséquences sur la répartition de la masse salariale. Les Ivoiriens n'ont perçu que 32% de la masse salariale distribuée entre 1985 et 1990. Ce qui a beaucoup pénalisé la demande intérieure.

b. L'ivoirisation des cadres, un cuisant échec

Les perspectives d'ivoirisation des cadres contenues dans l'esprit du 20 juillet se révèlent n'être que de la poudre aux yeux. Esprit du 20 juillet, quand tu nous tiens ! Adieu l'ivoirisation des cadres. Adieu ministère du Travail et de l'Ivoirisation des cadres d'Albert Vanié Bi Tra. Un autre élément de crise de confiance. L'accession à la nationalité[28], une aspiration profonde des acteurs des luttes émancipatrices, s'est ainsi vue reléguée en arrière-plan. La rupture avec une partie de la population se poursuit sous les signes de la corruption, du clientélisme, de la prévarication, du favoritisme, du népotisme et de la tromperie. Toute rationalité économique est ainsi annihilée. L'exploitation sauvage se poursuit.

---

[28] La nationalité économique est atteinte lorsque les entreprises et les ménages du territoire économique sont coordonnés de façon complémentaire et que la relation qui les lie est abritée par un centre qui détient le monopole de la puissance publique, c'est-à-dire l'Etat.

XIV. LA MISE DE L'ECONOMIE SOUS TUTELLE

a. Bas les masques

Face aux difficultés économiques, les autorités engagent une politique de mise sous tutelle directe, sans faux artifices de l'économie nationale sous la pression des institutions internationales. Cette fois, elles ne passent pas par quatre chemins. Des programmes d'ajustements sont lancés. Ainsi dès la fin du premier semestre de l'année 1980, elles répondent aux sommations du Fonds monétaire international et de la Banque mondiale d'autant plus que le pays avait été lourdement endetté dans les années 70 auprès de ces institutions. Les engagements au titre de la dette extérieure à long terme sont passés de 26% en 1975 à 55% en 1981. Ces institutions proposent de stabiliser l'économie en trois ans : 1981, 1982 et 1983.

Ils proposent d'assainir les finances publiques, de restructurer les entreprises publiques, d'adopter une politique monétaire restrictive. Comment pourrait-il en être autrement quand on sait que la politique monétaire du pays est toujours domiciliée à l'extérieur depuis la période du franc colonies françaises d'Afrique (CFA) jusqu'au franc communauté financière africaine franc (CFA).

b. Un jargon faussement savant

Que faut-il entendre derrière ce jargon faussement savant dont on enrobe des politiques tout simplement brutales et désastreuses ? ***Assainir les finances publiques***, c'est inviter l'Etat de Côte d'Ivoire non pas à mieux investir mais à ne plus investir du tout, à renoncer à toute politique de régulation y compris par l'investissement dans la consommation de biens collectifs. En clair, il faut laisser pourrir la situation économique et au-delà la situation sociale d'ensemble. Il ne faut plus investir ni dans la santé, ni dans l'éducation, ni se préoccuper de l'état général des infrastructures publiques. Il faut geler les salaires, supprimer les concours de la fonction publique, engager des départs forcés à la retraite de fonctionnaires, plafonner l'âge d'accès au concours et autres examens administratifs. En clair fermer l'accès des Ivoiriens aux emplois publics au profit de mercenaires technocrates qui se chargeront bien volontiers de suppléer à grands frais.

Par ***restructurer les entreprises publiques***, il faut tout simplement entendre démanteler les entreprises publiques en leur imposant entre autres mesures de réduire leur activité. C'est leur demander de licencier du monde. Il faut qu'elles fonctionnent à une allure telle qu'elles n'aient plus grand-chose à proposer à terme. Ainsi, on pourra les vendre et les racheter plus facilement sans avoir à engager des négociations fastidieuses ni à payer le juste prix. On pourra leur imposer la sous-traitance de certaines de leurs fonctions. C'est toujours bon à prendre. On gratte, on racle jusqu'à fond. On affaiblit l'État ivoirien qui ne devient progressivement qu'une coquille vide. L'État en Côte d'Ivoire n'est plus que l'ombre de lui-même. Le pouvoir appartient désormais aux institutions internationales et aux firmes transnationales d'intérêts privés qui décident de la vie des Ivoiriens. La technocratie parade. Les firmes transnationales d'intérêts privés sont au beurre et le peuple croupit dans la misère.

Adopter une politique monétaire limitative, c'est laisser dormir les fonds qui alimentent les fameux comptes d'opération à l'extérieur. Plus l'économie sera à cour d'argent, plus elle aura recours aux expertises des institutions internationales.

XV. ON SOLDE, ON BRADE, ON LIQUIDE ET IL N'Y A PAS DE SOT METIER

a. Braderie et liquidation

Dans le cadre de cette politique les dépenses publiques passent de 16% du Produit intérieur brut en 1981 à 6% en 1986. Quelle prouesse ! C'est le début de la braderie. On liquide à tout va. On fait des prix de gré à gré à des amis qui offrent quelques actions en contrepartie. Quatre sociétés sont vendues, onze sont fermées purement et simplement. Les prix des biens de consommation courante s'envolent, notamment ceux des transports publics, de l'eau, de l'électricité et des denrées alimentaires. Les lits sont supprimés de moitié dans les hôpitaux. Les bourses d'études sont aussi supprimées, etc. En termes de résultats, les comptes publics restent dans le rouge et la situation sociale s'alourdit, la balance courante[29] se signale déficitaire en 1983 de 13% du Produit intérieur brut. Le poids de la dette reste. Les activités de survie se sont développent à Abidjan et cela, sur tous les fronts. Il n'y a pas de sot métier, conseille-t-on dans les hautes sphères. La *sueur des fesses* est logée à la même enseigne que la sueur du front.

b. La dévaluation morale

En attendant la dévaluation monétaire, on se livre aux dévaluations morale, économique, politique, à la dévaluation administrative et à la dévaluation sociale des Ivoiriens. Le climat d'insécurité s'installe lentement mais sûrement à Abidjan et se généralise progressivement sur l'ensemble du territoire. Les coupables ont été vite trouvés. Il s'agit bien entendu : des termes de l'échange qui n'arrêtent pas de se dégrader, du dollar qui n'arrête de s'apprécier, des taux d'intérêt internationaux qui n'arrêtent pas de s'envoler. La nature est même mise en accusation, notamment la sécheresse qui a fait chuter les récoltes de 30%. L'échec est patent.

---

[29] La balance courante est le solde des flux monétaires d'un pays résultant des revenus et transferts courants

En 1984, on remet le couvert. La recette n'a pas varié d'un iota. Le menu est le même. Seule la note variera, plus salée bien entendu pour les Ivoiriens. On rallonge avec un autre programme de trois ans : nouvelles restrictions budgétaires, nouveau gel des emplois publics, nouvelles réductions des subventions octroyées aux activités de service public, nouvel alignement des salaires des entreprises publiques sur ceux de l'administration.

c. Rien ne change

Les mêmes causes entraînant les mêmes effets, les résultats sont là : un cuisant échec. On se console cependant avec quelques rentrées d'espèces dues à la générosité de la nature. La caisse de stabilisation peut à nouveau résonner d'espèces sonnantes et trébuchantes : les ponctions qu'elle opère passent de 3% en 1982 à 8% en 1986. On n'indexe plus les termes de l'échange, même si entre temps rien n'a été fait pour agir dessus. Les produits sont les mêmes. Leur conditionnement est le même. Les bateaux qui les transportent sont les mêmes. Leurs acheteurs sont les mêmes. Leurs destinations sont les mêmes. Mais, où le problème ? Il n'y a pas de problème.

Il n'y a pas eu de politique de diversification, encore moins de transformation des produits locaux en vue d'une meilleure valorisation pour renverser les termes de l'échange. On s'est contenté comme d'habitude d'extraire, de conditionner et d'embarquer les matières. Là n'est pas la question. Elle est ailleurs si toutefois il y en a une. Il faut intensifier la politique de culture pour renflouer les caisses sans se fatiguer avec des questions de gain de productivité, de valeur ajoutée et autres.

XVI. LA NOUVELLE POLITIQUE IVOIRIENNE D'INDUSTRIALISATION

a. Une masse acculée

On va lancer une politique économique pompeusement baptisée Nouvelle Politique d'Industrialisation avec l'argent fraîchement récolté. La leçon est bien apprise. On fait marcher les Ivoiriens en leur promettant monts et merveilles. On leur demande simplement de suivre le mouvement et les choses iront mieux. Ce n'est pas plus compliqué que ça. Qu'elle est triste leur école ! Cette école internationale du Fonds. Cette école de la bande mondiale qui n'a de cesse d'acculer les masses laborieuses de Côte d'Ivoire dans les bas-fonds les plus obscurs de l'humanité. Les Ivoiriens sont fatigués.

Alors que la nature structurelle de la crise économique est incontestable, la nouvelle politique d'industrialisation est centrée sur des solutions conjoncturelles. Elle est à l'image des programmes d'ajustement placés sous le signe de l'austérité. En 1989, la nomination d'un Premier ministre, celui-là même qui aujourd'hui alimente les fantasmes de la meute mondiale, inaugure cette nouvelle politique. Elle est déclinée sur deux volets : plan d'ajustement structurel financier et plan d'ajustement structurel compétitivité. Comme on le voit, il ne s'agit plus ou moins que de traditionnels plans d'ajustement. On préfère les enrober de termes ronflants. Les banques de développement sont fermées en 1991.

b. La technocratie plastronne et la misère plafonne

Ces plans faussement qualifiés d'ajustement interne ignorent royalement les actions de lutte contre la misère généralisée. Le principe contenu dans cette nouvelle politique est simple : tout le monde s'en tirera quand les choses iront mieux. Le libéralisme plastronne alors que la misère plafonne. En quelques mois, cinquante entreprises de service public sont vendues en toute opacité sans appel d'offre sérieux. L'opposition crie au vol, elle est bâillonnée. Dans les foyers, les factures s'accumulent, le chômage s'amplifie.

Des pères de famille quittent le domicile à l'aube pour ne pas croiser le regard des femmes et des enfants. Les mouvements de contestation sont matés avec brutalité. Le 18 février 1992 fera date dans l'histoire de la jeune république. Cette politique se veut ambitieuse. Elle vise une meilleure gestion du crédit et des investissement dit-on, ainsi qu'une valorisation des ressources humaines.

En termes opérationnels, elle vise une réduction des dépenses publiques, comme si elles n'étaient pas déjà assez réduites et la stabilisation de la dette. En vérité cette politique n'a été qu'une juxtaposition de mesures à court terme et une série de déclarations d'intention qui ne fait que prolonger les programmes d'ajustement. On a assisté à une baisse du Produit intérieur brut. Le déficit public s'est accru de quatre points entre 1989 et 1993. Le poids de la dette est passé de 196% en 1990 à 243% en 1993. Cette nouvelle politique a conduit à une réduction de la demande publique, laquelle a entraîné à son tour une baisse de la demande générale.

c. Un échec patent

La nouvelle politique d'industrialisation a donc été un échec étant donné qu'elle a été marquée par l'influence de facteurs exogènes. Ce sont, comme d'habitude, ceux qui se sont décrétés experts internationaux qui en ont déterminé les orientations et le calendrier dans un contexte marqué par la poussée de la doctrine monétariste. Cette logique est prolongée en 1993.

Le plan qui est élaboré dans le contexte vise à assainir la situation : assainir le secteur financier, réduire les arriérés de l'Etat, redynamiser la bourse des valeurs, restructurer les secteurs, réformer le système judiciaire, améliorer la compétitivité des entreprises, rationaliser la fiscalité, promouvoir les exportations, réformer le fonctionnement du marché du travail, promouvoir la concurrence. Trois ans après, le bilan reste tout aussi désastreux que les précédents. La réforme du marché du travail s'est traduite en 1993 par la suppression de trente mille emplois.

Les ressources humaines sont restructurées. Cette voie qui se voulait salutaire n'a en réalité été que l'écriture du plus triste chapitre économique du pays. La crise politique actuelle tire en grande partie ses racines les plus immédiates dans cette belle époque que tant de nostalgiques réclament à cor, à cri et à kalach.

CONCLUSION

La présente contribution participe d'une démarche d'enrichissement du débat sur l'avenir de la Côte d'Ivoire.

L'avenir politique d'un pays, l'avenir économique d'une nation et l'avenir social d'un peuple. Elle intervient à un moment où la crise politique déclenchée par une rébellion armée par des firmes multinationales et militairement soutenue par une puissance étrangère a atteint un point critique. Elle intervient à un moment où la souveraineté de la Côte d'Ivoire est plus que jamais menacée par les vieux démons du passé. Elle se veut donc dénonciatrice de cette façon particulière qu'ont les autres peuples de concevoir la place des peuples africains dans le concert des nations.

Il s'agissait pour nous d'éclairer l'opinion ivoirienne en particulier et l'opinion africaine en général sur les dangers de la manipulation complaisante, tout flatteur ne vivant qu'aux dépens de celui qui l'écoute. Pour nous, l'Afrique noire a sa note à jouer dans le concert des nations. Et elle doit la jouer sans complexe. Cette note consiste pour les organisations continentales et régionales non pas à chercher des guerres à faire tel ou tel pays mais à aider les pays à lutter contre la faim, la misère, la malnutrition, la maladie, l'ignorance, le chômage, le désespoir, les inégalités, etc.

Rappelons que ce travail de déconstruction d'un mythe a été guidé par une interrogation visant à revenir à la réalité. Pour mémoire, la question était : *Comment était donc cette belle époque que tant de nostalgiques réclament à cor, à cri et à kalach ?*

Cette question s'inscrit dans un cadre où une poignée d'individus fort judicieusement nommés *les Nostalgiques* ne cessent de multiplier les promesses les plus fallacieuses pour déblayer la route au pillage éhonté des ressources du pays en se référant à un passé mythique. Il faut empêcher *par tous les moyens nécessaires* que soit ouverte cette route qui, assurément, conduit tout droit à de nouvelles servitudes.

Ces nostalgiques prennent à témoin une ère paradisiaque où l'économie ivoirienne était florissante, la démocratie pleine, les libertés garanties. Bref un temps où les Ivoiriens coulaient des jours heureux. On peut se rendre compte que ce paradis n'a jamais existé. Tout cela n'est que fantasme et démagogie facile pour justifier l'injustifiable qui se passe aujourd'hui. Il faut les empêcher d'obstruer la marche de l'histoire en nous ramenant à un passé qui n'a jamais existé. La Côte d'Ivoire n'a jamais été un paradis sauf pour une poignée d'individus et pour les investisseurs étrangers. Il n'y a jamais eu de miracle économique en Côte d'Ivoire.

Au début des années soixante la Côte d'Ivoire a fait de l'agriculture de rente le pilier de son développement économique en mettant en place ce qu'il convient d'appeler un Modèle Volontariste d'Extraversion Economique. A cet effet, les plans successifs ont adopté les stratégies d'import-substitution et de valorisation des exportations. Compte tenu des premiers résultats économétriques il a été fait état d'un miracle économique ivoirien.

Mais ce qui est très important et que les observateurs ont oublié, c'est que la Côte d'Ivoire ne s'est jamais dotée d'un tissu industriel intégré. L'économie ivoirienne n'a jamais distribué les ressources de façon à susciter un dynamisme interne. Les problèmes ont commencé à apparaître au grand jour en 1977. Cela a été favorisé par des facteurs liés à la nature extravertie de l'économie ivoirienne. Ces facteurs sont entre autres :

- Le premier choc pétrolier de 1973-1974 qui a entraîné une augmentation des dépenses d'importation et a conduit à une forte détérioration des termes de l'échange pour le pays,
- l'influence des bailleurs de fonds en surcapacité d'investissement sur les autorités qui s'est traduite par un accroissement des dépenses publiques d'investissement. En termes réels, l'investissement public a augmenté de 250% entre 1975 et 1980 passant de 15% du P.I.B. à 21% sur la période. Une grande part de ces investissements a été orientée dans des projets à rentabilité incertaine; souvent pour les uns de grande taille et pour les autres tout simplement fallacieux,
- les transferts extérieurs et l'augmentation des taux d' intérêts des emprunts par les pouvoirs publics au profit des investisseurs étrangers ont entraîné une forte contraction de l'épargne privée durant les années soixante-dix de 11% du P.I.B. en moyenne pendant la première moitié de la décennie à 5% pendant la deuxième moitié,
- l'évolution et la structure des apports de capitaux extérieurs ont contribué à l'aggravation de la crise financière du pays. Dès 1981, les apports nets de capitaux ont baissé de 50% par rapport à

l'année antérieure. En 1985, ils ne représentaient plus qu'un sixième de leur niveau de 1980.

En 1977, le Président Houphouët Boigny a lui-même donné le verdict de ces années d'errance à travers : ***L'Esprit du 20 juillet.***

La crise s'est renforcée. De 1982 à 1984, la croissance du produit intérieur est devenue négative : de - 3,9% en 1982 à - 4,8% en 1984 puis - 5% en 1990, la balance commerciale a baissé et la balance des paiements a vu son solde négatif se renforcer - 228 milliards de francs C.F.A. en 1983 -. Les engagements au titre de la dette extérieure à long terme sont passés de 26% en 1975 à 55% du P.I.B. en 1981 puis 78,6% en 1986.

La C.S.S.P.P.A[30], principal bailleur de fonds national, a accusé un déficit en 1987 de -1,9 % du P.I.B. qui s'est renforcé par la suite, -3,4% en 1988 et -4,4% en 1989. L'Épargne du secteur public s'est réduite de 22% du P.I.B. en 1977 à presque 0% en 1981. En 1981, les dépenses d'investissement du gouvernement et des entreprises publiques s'étaient limitées à 12% du P.I.B. contre 19% en 1977. Elles ont même continué à baisser et en 1985 se sont retrouvées au niveau de 8%. Les exportations ont chuté de 7% et les importations de 9% en valeur réelle, les termes de l'échange ont continué à se dégrader jusqu' en 1990 par rapport à 1980. L'emploi a globalement baissé entre 1981 et 1987 de 33% dans les entreprises privées et de 43% dans les entreprises publiques. Cette baisse de l'emploi a touché tous les secteurs d'activité mais surtout le bâtiment qui a perdu 85% de ses emplois du fait de la réduction des investissements publics. Sept mille personnes ont été licenciées de la fonction publique en 1990.

En matière d'éducation scolaire, la tendance a été à la baisse du taux de scolarisation qui est passé de 76% en 1986 à 68% en 1989. Au niveau de l'enseignement supérieur la qualité de l'enseignement a été sérieusement touchée. Face à cette difficile situation économique d'ensemble, le secteur industriel s'est ralenti considérablement. La politique d'ajustement structurel instituée par le Fonds monétaire international et que les autorités politiques ivoiriennes ont de leur côté, baptisé la Nouvelle Politique d'Industrialisation de la Côte d'Ivoire n'a pas donné les résultats espérés. Elle n'a donné lieu qu'à un renforcement de la désormais

---

[30] Caisse de Stabilisation et de Soutien du Prix des Produits Agricoles.

légendaire litanie axée sur les louanges des bienfaits de l'économie de marché par une plus grande ouverture au capital privé extérieur. Cette politique n'a été, en réalité, que le cadre d'expédition de ce que nous appelons ici les affaires courantes car elle n'a donné lieu qu'à la prise de mesures de court terme visant à renforcer la concentration des intérêts étrangers dans l'économie du pays. Elle s'est surtout traduite par un désengagement brutal de l'Etat de certaines de ses missions classiques telles que la subvention de certaines denrées alimentaires, la suppression de la prise en charge des frais médicaux, la privatisation des internats dans les Lycées et Collèges publics et à d'énormes compressions salariales.

Durant les booms cacaoyers des années soixante et soixante-dix, il a été procédé à des importations massives de biens d'équipement et de biens intermédiaires. Les dépenses récurrentes à ces importations ont été arrêtées dès le début des années quatre-vingt. La politique d'ivoirisation des cadres qui avait été lancée par Houphouët Boigny et son ministre Albert Vanié Bi Tra pour permettre aux ivoiriens d'accéder à des postes de responsabilité au sein des entreprises a connu un cuisant échec.

Notre principal objectif était de mettre en évidence le fait qu'il n'y a jamais eu de miracle économique en Côte d'Ivoire. Et que tout ce au nom de quoi l'on veut justifier les turpitudes actuelles et tuer l'alternative économique et démocratique est inadmissible. Nous espérons que cette analyse aura permis d'atteindre notre but. Le miracle tant ressassé n'est qu'un mirage. Pire, ce n'est en réalité qu'un épais nuage de difficultés économiques et sociales qu'il faut maintenant affronter. Face à cette situation qui est un véritable défi, il nous semble primordial de rechercher aujourd'hui de nouveaux dynamismes à travers :

- le secteur agricole avec de nouvelles orientations à promouvoir en assurant une diversification des produits qui tienne compte de la demande africaine et de leur transformation,
- l'implication des nationaux dans la commercialisation des produits agricoles,
- la redéfinition des termes de gestion de la dette extérieure en relation avec les aspirations légitimes de la population,
- la diversification des partenaires commerciaux par la recherche des débouchés dans les pays d'Europe de l'Est et les pays d'Asie,

- le positionnement de l'appareil de production sur la satisfaction des besoins locaux et régionaux.

Toute cette nouvelle dynamique nécessite une volonté politique réelle. Et c'est cette volonté clairement affirmée, qu'on veut assassiner aujourd'hui. Il convient de refuser des comportements qui tendent à scléroser certaines économies pour en imposer d'autres. Ce refus, bien entendu, nécessite impérativement un rôle accru de l'État comme catalyseur des initiatives individuelles et collectives contrairement aux vues des défenseurs actuels des mesures du Fond Monétaire International. Ceci aura pour effet, dans un premier temps, de sortir la Côte d'Ivoire de sa piètre condition actuelle et dans un second temps de la placer dans une meilleure position dans l'économie mondiale.

Cette place de État, différente de celle actuellement défendue par *Les Nostalgiques* consistant à déléguer les pouvoirs de décision affectant les orientations macro-économiques et le fonctionnement des entreprises, doit permettre d'accéder à l'industrialisation, seule voie capable de rendre à l'Etat ivoirien, émasculé, sa force. Cette bataille du développement, au regard de la situation actuelle, n'est nullement au-dessus des capacités des forces à l'intérieur de la société ivoirienne. Il s'avère tout aussi nécessaire de substituer de véritables mesures démocratiques aux promesses démagogiques de certains aventuriers en ce qui concerne ce problème fondamental que constitue le développement économique. En clair, il faut avoir le courage de renoncer à toute politique arrimée à un passé fantasmé et qui désespère la population et au nom de laquelle la souveraineté nationale se trouve aujourd'hui menacée.

ELEMENTS DE BIBLIOGRAPHIE

Dadié Attébi, *Le défi africain, l'urgence d'une alternative économique en Côte d'Ivoire*, Editions L'Harmattan, 1995

Mamadou Koulibaly, *Eurafrique ou Librafrique, l'ONU et les non-dits du pacte colonial,* Editions L'Harmattan, 2009

Mamadou Koulibaly, *Les servitudes du pacte colonial,* Editions NEA, 2005

TABLE DES MATIERES

	Pages
Introduction	7
I. L'économie ivoirienne de 1977 à 1993	**13**
a. Un contexte économique dégradé	13
b. L'intervention du FMI en Côte d'Ivoire	13
II. De la crise économique à la crise politique en Côte d'Ivoire	**15**
a. L'escroquerie intellectuelle	15
b. Le nécessaire rétablissement des faits	16
III. Quand les néologismes tiennent lieu de régulation	**17**
a. L'apogée des néologismes	17
b. Les effets des programmes d'ajustement structurel	17
IV. Ajustements structurels et affaiblissement de l'Etat en Côte d'Ivoire	**21**
a. L'émasculation de l'Etat ivoirien	21
b. Quand la famine frappait aux portes	21
V. Dérèglements structurels et logiques de régulation économique incongrues	**23**
a. Crise économique et régulation en Côte d'Ivoire	23
b. Une posture dogmatique	24
VI. Quand les bons comptes font de mauvais amis	**29**
a. Le triomphe du verbalisme creux et de l'action subversive	29
b. La parade des experts autoproclamés	30
VII. L'humanisme ombrageux ou la quête du paradis perdu	**31**
a. Houphouët-Boigny ou l'exutoire trouvé	31
b. Ces espérances qu'on assassine	31
VIII. Les origines de la crise économique ivoirienne	**33**
a. Economie et volontarisme politique	33
b. Les chiens aboient, la caravane passe	33
IX. Sous les tropiques les éléphants blancs règnent en maîtres	**35**
a. Le règne des éléphants blancs	35
b. Une logique de prédation	36
c. Des paysans exploités	37

X. Endettement extérieur et termes de l'échange 39
    a. L'endettement extérieur 39
    b. Les termes de l'échange 39

XI. Le conditionnement de l'activité économique en Côte d'Ivoire 41
    a. L'extraversion économique de la Côte d'Ivoire 41
    b. Mais… qui est fou ? 43

XII. Massacre écologique et pillage forestier 45
    a. Silence, on développe 45
    b. Les Ivoiriens derrière 45

XIII. La politique d'ivoirisation des cadres et crise de confiance 47
    a. La politique de l'emploi en Côte d'Ivoire 47
    b. L'ivoirisation des cadres, un cuisant échec 47

XIV. La mise de l'économie sous tutelle 49
    a. Bas les masques 49
    b. Un jargon faussement savant 49

XV. On solde, on brade, on liquide et il n'y a pas de sot métier 51
    a. Braderie et liquidation 51
    b. La dévaluation morale 51
    c. Rien ne change 52

XVI. La nouvelle politique ivoirienne d'industrialisation 53
    a. Une masse acculée 53
    b. La technocratie plastronne et la misère plafonne 53
    c. Un échec patent 54

Conclusion 57
Eléments de bibliographie 63

L'HARMATTAN, ITALIA
Via Degli Artisti 15 ; 10124 Torino

L'HARMATTAN HONGRIE
Könyvesbolt ; Kossuth L. u. 14-16
1053 Budapest

L'HARMATTAN BURKINA FASO
Rue 15.167 Route du Pô Patte d'oie
12 BP 226 Ouagadougou 12
(00226) 76 59 79 86

ESPACE L'HARMATTAN KINSHASA
Faculté des Sciences Sociales,
Politiques et Administratives
BP243, KIN XI ; Université de Kinshasa

L'HARMATTAN GUINEE
Almamya Rue KA 028 en face du restaurant le cèdre
OKB agency BP 3470 Conakry
(00224) 60 20 85 08
harmattanguinee@yahoo.fr

L'HARMATTAN COTE D'IVOIRE
M. Etien N'dah Ahmon
Résidence Karl / cité des arts
Abidjan-Cocody 03 BP 1588 Abidjan 03
(00225) 05 77 87 31

L'HARMATTAN MAURITANIE
Espace El Kettab du livre francophone
N° 472 avenue Palais des Congrès
BP 316 Nouakchott
(00222) 63 25 980

L'HARMATTAN CAMEROUN
Immeuble Olympia face à la Camair
BP 11486 Yaoundé
(00237) 99 76 61 66
harmattancam@yahoo.fr

L'HARMATTAN SENEGAL
« Villa Rose », rue de Diourbel X G, Point E
BP 45034 Dakar FANN
(00221) 33 825 98 58 / 77 242 25 08
senharmattan@gmail.com

542931 - Octobre 2013
Achevé d'imprimer par